AF282911

SESENTA Y 9

SESENTA Y 9

MANUEL GUTIÉRREZ TUTOR

USHUAIA

© 2025, Manuel Gutiérrez Tutor
© 2025, Ushuaia Ediciones
EDIPRO, S.C.P.
Carretera de Rocafort. 113
43427 Conesa
info@ushuaiaediciones.es
www.ushuaiaediciones.es

Primera edición: marzo de 2025

ISBN: 978-84-19405-37-1
Depósito legal: T-203-2025

Diseño y maquetación: Ushuaia Ediciones

Impreso en España – *Printed in Spain*

A Nadia

Vamos, cariño,
ábrete de brazos,
que hoy tengo el corazón cachondo.

1
Puto Alzheimer

Dedicado a mi madre

Es triste,
su memoria se cae al suelo,
se derrumba,
ella también de vez en cuando,
física y mentalmente,
cada vez usa menos palabras
y las repite como un eco interminable.
Se ha desprendido del manejo de los cubiertos,
de la habilidad para vestirse sola,
se ha quitado la ropa de la vida
y desnuda se ha zambullido
a un estanque de aguas oscuras,
y no sabe salir,
pide socorro a su manera

y no entendemos los demás
el nuevo lenguaje de mi madre,
somos torpes como escarabajos boca arriba.
La cara de mi padre
es el paisaje humeante y devastador
del final de una guerra perdida,
se le nota el cansancio
de cuidarla y no perderla de vista.
La palabra «residencia» está aparcando
frente a la puerta de su casa
y no va a tardar en llevársela,
como un taxi que se va y no regresará jamás.
Me conoce, todavía me conoce,
sus ojos se vierten en los míos
y sé que piensa que ella misma
los dibujó hace ya unos cuantos años.

2
In fraganti

No es lo que parece,
solo ropa en el suelo
destendida de nuestros cuerpos,
olas de sábanas
arrastrándose
hacia la orilla del orgasmo,
y nosotros dos intentando
remar sobre esta balsa de látex.
No es lo que parece,
cariño…,
solo es un acto de supervivencia.

3
Ya pasó

Solo me quedan restos de tu última mirada a mí,
el beso que no me llegó,
la estela de tu cabello al darme la espada,
la huida hacia otro lugar donde yo no estuviera.
Solo el humo ya tibio de lo que fue una hoguera.

4
Por qué

Lloraré cuando anochezca,
cuando el silencio cubra la ciudad
y solo haya un puñado
de semáforos intermitentes como bengalas.
Lloraré en la azotea común
y me secaré las lágrimas
con las sábanas tendidas de la vecina
octogenaria,
mientras dé las primeras caladas
a un cigarrillo amarillento y arrugado
que tengo desde hace ocho años
dentro de un jarrón chino.
Lloraré el humo por la boca,
mis ojos rastrearán el oscuro cielo
en busca de algún cascote de avión,
o de parte de Diana,

una sonrisa de ella,
restos de su voz,
algo que demuestre que no me han mentido,
que el accidente existió
y no hubo supervivientes.

5
Tu voz y lo demás tonterías

Lamer la yugular de tu voz,
leer el tacto de tus palabras…,
un orgasmo con todas sus letras.

6
Casay piel

Empezamos a vivir en nuestra casa
siendo los más jóvenes,
los últimos en llegar,
todos los demás vecinos
eran más mayores que nosotros.
Se han ido muriendo
y otros con menos edad que la nuestra
han ido llenando los huecos vacíos
de los que ya no están.
Y nosotros, aquí,
siendo ahora los nuevos viejos.

7
Jugar a no morir

He perdido los papeles,
no me reconozco,
no existo,
el espejo de mi habitación
es ahora
una ventana que da
a una cama como la mía,
mi casa está vacía,
quieta,
fría como un muerto polvoriento,
y yo…,
¿yo dónde estoy?
La última vez que supe de mí
estaba dejando mi reloj de oro
en el centro
de aquella mesa de póker clandestina,
cuando perdí todos mis papeles…

8
Dibujarte a oscuras

He escrito sobre ti,
sombreando las palabras
y con mi deseo difuminado.
Te he escrito
a escondidas
para poder verte.
Pequeños rasguños de placer
en el corazón de mis tímpanos
al recordar las aristas de tu voz.
He escrito tus ojos
de un color
que ni siquiera existe.
Del color de la hipnosis.

9
Paz

Y yo aquí sigo,
removiendo todos los ruidos
de mi vida,
desordenándolos,
metiendo mis manos
como si las hundiera
en un enorme cajón
lleno de ropa en oferta,
intentando sacar a la superficie
lo que quede del silencio,
palparlo,
agarrarlo y escapar con él
antes de que alguien me lo quite.

10
Secreto

Hay miradas que hablan,
como la tuya,
por eso mismo,
cuando quieras guardar
un secreto,
cierra los ojos.

11
Cosas varias

Lo he vuelto a hacer.
¿Qué? Te preguntarás.
Cosas varias.
Como hacer funambulismo
sobre el borde de una palabra,
extirpar el ojo a la puerta de mi casa,
mear con la voz apagada,
meter el espejo del baño a la ducha
y limpiarlo con mucho gel,
gritar muy alto con la boca tapada
por uno de los cojines del sofá,
toser en la mesa con la boca cerrada
y masticar con la lengua afuera,
cortar por la mitad con motosierra
el montón de poemas que tengo
y meterlos en la leñera,

¡ah!,
también he pintado bigotes
a todas las personas de un periódico viejo
que tenía olvidado en un revistero
con osteoporosis de aluminio,
que no se me olvide,
he depilado los cristales de mis ventanas,
he dado de comer a la nevera
porque ya solo era esqueleto,
he atrapado el polvo que levitaba
por el túnel de luz del pasillo,
en fin, y algunas cosas más que habré vuelto a hacer.
Ahora solamente quiero frotarme las manos
frente al fuego que he hecho
con las astillas de mis poemas.

12
La euforia de la tristeza

¿Por qué a veces me siento tan bien estando mal?
¿Por qué la música se arrastra por mi tristeza
como quien arrastra un cadáver por la tierra?
¿Por qué mis gotas de llanto saltan por el
precipicio
de mis mejillas y caen pesadas al suelo
igual que unas bombas escupidas por un Harrier?
¿Por qué tarareo la canción que oigo en la radio
frente al espejo y pienso que protagonizo un
videoclip?
¿Por qué la tristeza no puede ser triste y nada más?
¿Por qué a veces y nunca por qué?

13
Compañerismo

He quedado con unos amigos
para llorar,
para llorarnos todos,
no hablaremos,
solo nos miraremos y lloraremos,
por lo que sea,
el motivo da igual,
nos vaciaremos de mierda
y después nos abrazaremos
como si celebráramos un gol.
Dejaremos para otro día las cervezas.

14
El bar y dentro tú

La noche duerme
en las palmas de mis manos.
Y una voz harapienta
que es la mía,
hace zigzag por el aire
intentando llegarte,
esquivando gente.
Quiero invitarte a una copa,
pero todavía no lo sabes.
Todavía no sabes leer
mis labios en los tuyos.
Demasiadas personas
y demasiado ruido
en este garito.
Demasiada belleza
en este bar agolpada en ti.

Pero todavía no sabes
lo que pienso.
Estás a siete baldosas de mí
como asomándote
desde la frontera de otro país.

15
Escribir hacia dentro

A veces
escribo a oscuras.
La sensación es la misma
que cuando pienso algo
y no quiero decirlo.

16
Mi lado oscuro

Sé quién eres,
de dónde proviene el reguero de aire
que llevas atado a la espalda,
en qué color naciste
y cuándo aprendiste a llorar.
Sé que no amas,
que no acaricias las cosas
y no sabes triturar el dolor,
que encajas las bofetadas a pelo,
que tu rostro contiene el silencio.
Sé quién eres sin saber tú quién soy,
me hallo en tus sueños
y no lo sabes,
me escondo en tu cuerpo
y no me sientes,
soy el que te ama a hurtadillas

retorciéndome de placer
como un corazón recién follado.

17
Barrios

Un charco de vino en la acera del supermercado
de la calle Palacios y al lado el cadáver de vidrio.
La luz azul del coche de policía temblando
sobre los locales a pie de calle
como en el interior de un acuario gigante.
El bar de debajo de casa de 15 metros cuadrados
escupiendo personas con vasos de plástico
llenos de cerveza en vaivén como un mar agitado.
Dos mellizas de tela con cordones y desgastadas
ahorcadas en medio del cable de la luz
que une los pares con los impares.
Un barrio cualquiera
de la ciudad que habita en mi cabeza.

18
¡Vivo!

¡Corro!
Corro hacia mí
a la desesperada,
porque sé del cortocircuito
de la luz,
del apagón definitivo,
y no quiero perderme
ni una sola chispa
de los cables
que todavía me quedan.
Corro hacia mí
a devorar toda la electricidad
que circula por mi cuerpo
como un río indomable
después de un diluvio.

19
Amor de odio

Así que sepas que te deseo
pero también te desando.
Que quiero besarte
pero saberte lejos.
Que estoy abocado
a no vivir en tu boca.
Que el desvío hacia ti
lo pasé de largo.
Corto y no sé si quiero cambiar.

20
¿Complacerme? No, gracias

Me serviste tu amor en bandeja de oro.
¿Ya no recuerdas que odio los metales preciosos?

21
Sin ti mejor

Cuanto más me acercaba a ti
más pequeña te veía,
y es que a veces
la distancia magnifica.

22
Amores peligrosos

Jugar contigo
fue tener el fuego demasiado cerca,
y es que hay almas
que las carga el Diablo,
como la tuya.

23
Eché un polvo en la parte trasera de un Tesla

Nos miramos unas cuantas veces
de punta a punta de la barra.
No sé cómo,
apareció a mi lado y tomamos
unos cuantos tequilas juntos.
Sus labios eran la entrada a un volcán.
Salimos a echar un cigarro,
la luna pesaba sobre nosotros,
estábamos cachondos,
muy cachondos.
Nos besamos girando por el lateral
de un Tesla negro como un tiovivo
en el que solo hay dos personas montadas.
La puerta de atrás estaba mal cerrada,
tras unas risas infantiles y traviesas,

nos metimos dentro y follamos.
Follamos hasta que los cristales lloraron.
Unos gritos se oían cada vez más cerca.
Nos subimos los pantalones y corrí
hasta desaparecer.
Volví a las dos horas por si la veía.
Sigo yendo por ahí por si la veo.
Desapareció, como el coche después
de escuchar los gritos.
De eso hace ya siete meses.

24
Hacia adelante

Acuchillo el tiempo,
rompo el himen del hastío,
anudo con mis ojos

     la nostalgia

     que balancea

     un pie

     en la cornisa

     de una ventana,

absorbo la sangre recién hecha,
me hago el vacío,
escribo cien veces

     «lo volveré a hacer»,

devoro el ahora

     como si no hubiera

     un mañana.

25
La maldita alarma

Duermo encima de una voz.
Toc, toc, toc, toc.
Alguien llama a la puerta del viento.
Una tormenta áspera.
Y qué mal me viene ahora
que estaba entrando en un sueño
lleno de poemas desnudos,
viciosos.
Y en el centro una voz húmeda.
Toc, toc, toc, toc.
Mierda.
La tormenta no espera.
Sueño, espera tú, por favor.

26
Musa

De vez en cuando sales de la oscuridad
y te dejas sentir,
muestras la sombra
de una música lenta y apagada,
pero todavía ignoro cómo son
los trazos de tu rostro
ni el encefalograma de tu cuerpo.
De una cosa estoy seguro,
de que existes como existo yo,
te manifiestas y entras
por las rendijas de mi tristeza
y no cesas de morder mis huesos,
golpeas mis pulmones desde dentro,
lames mi corazón,
y claro,
me veo obligado a dibujarte poemas

que siempre tiro,
bocetos de un presentimiento.
A veces,
que sepas que he plasmado tus ojos
y tus labios
en otras mujeres,
pero ellas nunca han posado
ni posarán para mis palabras.

27
Yonqui

Las palabras sucias,
las risas lejanas y enjutas,
el cielo atornillado a la tristeza,
claustrofobia de vida,
una voz que se pierde en el aire,
pasos cortos como de fracaso,
la soledad de piernas abiertas,
meterse en una tubería
demasiado estrecha
y no saber salir
y no saber salir
y no saber salir.
    Yonqui.

28
Escapo

Tengo algo para ti,
palabras y espacios en blanco,
es decir,
la intermitencia de un mensaje,
un dibujo escrito
en un pósit pegado en la nevera,
el intento fallido de mi voz cobarde
plasmado en un papel de 87x87 mm,
la huida con silenciador.
Tengo algo para ti,
y esta vez no es un poema:

«No me esperes a comer,
ni a cenar,
simplemente
no me esperes».

29
Ya no

Ya no hubo magia,
esta vez ya no,
la recordaba con fuegos artificiales
detrás de su espalda
cuando quedaba con ella
y venía hacia mí,
mi corazón me golpeaba por dentro
como un grillo encerrado en una caja,
temblaba mi voz
como temblaban mis manos,
y cuando se iba
dejaba un reguero triste
igual que un paisaje de posguerra…
claro,
que de eso hace ya tanto tiempo…

30
Fuimos agua y sal

La música caía sobre nosotros
como lluvia nocturna
de un agosto cualquiera.
Éramos aspersores de sudor
arañando con los pies desnudos
la templada arena,
las cervezas semienterradas en ella,
el techo de caña del chiringuito
era como un ovni de luces de colores
rasgadas en el cielo oscuro.
Bailabas muy cerca de mí,
tu vestido se adhería a tus pezones,
el deseo es un medicamento
sin contraindicaciones.
Miramos el mar como quien mira
un bosque frondoso donde esconderse.

Nos cubrimos con sábanas de agua
y la fiesta pudo seguir sin nosotros
durante un rato.

31
Lo llevo dentro

Hay dentro de mi estómago
zarpazos de tigre encerrado,
dos incendios en mis pupilas,
portazos de viento en mi pecho
y tormentas eléctricas por mis venas,
y sin embargo,
aquí fuera,
en mi superficie,
silencio…,
el más absoluto silencio.

32
Sor presa

Ahí estaba, frente a mí,
rostro aséptico y perfecto,
cabello oculto,
mirada esquiva,
el atuendo religioso
despreciando su hermoso cuerpo.
Le entregué
la bolsa con ropa usada.
Siempre habían salido
otras monjas,
pero esta vez…
mis pies se atornillaron
al suelo…
Hacía nueve días
que le estaba quitando las bragas
en el baño de aquel antro
del callejón sin salida.

33
Fugaz

Apareciste
de la nada,
y a pesar
de todo,
desapareciste.
No entendiste
que la magia
en el amor
es otra cosa.
Y es que
no quiero
un «visto y no visto»,
una relación «vaivén».

34
Heroína

Todos hablan de ti.
Dicen que en tus pupilas
ya no hay lenguas de fuego
iluminando las tinieblas,
que el color y el calor de tu piel
han descendido deprisa
igual que un atardecer en invierno,
que de tu boca sale vaho,
como un congelador mal cerrado.
Dicen que tus pasos son cortos
y reptan hacia ninguna parte,
que tu mirada se encuentra
atornillada al suelo,
que ya no respondes por tu nombre,
a mí que siempre me ha parecido
el más precioso y de princesa del mundo.

Todos hablan de ti.
Echan de menos todo,
el virus contagioso de tu sonrisa,
el arcoíris completo en tu voz …
en fin,
enséñame los brazos.

35

?

¿Cuántos kilómetros cumplo?
¿En qué color nací?
¿Qué estudios trabajo?
¿Cuántos hijos nazco?
¿A qué hora empecé a morir?
¿Cuál es mi odio preferido?
¿A qué música juego?
¿Cuál es mi plato roto?
¿Qué enfermedad suelo elegir?
¿Qué deporte leo?
Cuántas preguntas en lista de espera
por no poder decir la respuesta.

36
Venganza

Había una vez
un pisito
donde siempre
estaba lloviendo
aunque afuera
hiciera buen tiempo.
Dicen
que cuando
se fue la tormenta,
el sol salió dentro.
El «pobre» señor de la casa
por fin había muerto.

37
Impresiones

Una catedral en llamas,
hacer funambulismo
entre dos rascacielos de Manhattan,
una mariposa sobre la nieve,
la lluvia fundiéndose con el mar,
el relámpago que ilumina
la ciudad por la noche
como en una guerra,
un pájaro revoloteando
en una habitación cerrada,
un barco pesquero anclado
en la arena del desierto,
el suelo de un supermercado
inundado de billetes de 50 euros,
una biblioteca sin libros,
la vegetación cubriendo

una caravana abandonada en el bosque,
una cama repleta de pintalabios,
tú atrapada en tu televisión,
tu silencio frente a mí,
tus ojos rodando por mi cara,
yo boquiabierto
por la intuición de tus labios.

38
No ha vuelto a casa

Hay aguas que nunca se apagan,
luces en los huesos,
vientos en punto muerto,
hay cataratas de sonidos lejanos,
tormentas dulces,
voces recién hechas,
hay noches implacables,
montañas dándose a la fuga,
caminos como vías de tren,
hay cubitos de sangre helada,
nieve teñida de muerte,
psicofonías de ladridos,
niebla en la boca,
espadas de luz chocando contra los pinos.
Es la segunda noche que Vanesa no aparece.

39
Vamos, soy todo tuyo

Arde el agua
dentro de unos cubitos de fuego,
incomódame,
hazme desnudar la piel,
siéntete como en casa,
loca,
despistada,
con la llave de un grito
entre tus labios anárquicos,
devórate por culpa de una sombra a ciegas,
entretenme en tus cenizas
de sexo asado,
sé hambre de mi centro,
no seas tú.

40
Infieles

Lo nuestro no es poesía,
qué va, no lo es.
No hay nada de belleza
cuando nuestros cuerpos
se juntan.
Más bien mucha suciedad,
desorden, prisas,
la culpa esparcida por el suelo.
Como un amasijo de palabras
que ni siquiera tienen
intención
de que signifiquen algo.

41
No me fío

He aprendido a no fiarme de mí.
Más de una vez me he tendido
mis propias emboscadas.
Y salir de ellas sin contar conmigo
es una tarea muy compleja.
Me voy viviendo con cautela,
observándome en silencio.
Sabiendo que en cualquier despiste
puedo acabar en mis propias redes.

42
Clavo sacando otro clavo

Gracias a ti
he podido dejar
de pensar en ella.
Eres la llama
que ha apagado
el incendio.

43
Tus labios tardan

Bésame a tocateja,
en efectivo,
sin negociar con las palabras.
Bésame a plazo fijo,
sin intereses,
a fondo perdido.
En fin,
firma en mi boca como quieras,
pero bésame de una vez.

44

El poema y sus afluentes

Hay un grito metido en un poema.
Hay un poema metido en un corazón.
Hay un corazón metido en la oscuridad.
Hay una oscuridad metida en el silencio.
Hay un silencio que pide a gritos
descuartizar una matrioska de sentimientos.

45
Torpeza

Hace ya unos cuantos días
que no aparezco en el espejo
de mi baño,
que vivo sin hacer ruido,
con la voz dentro de mi garganta,
escondido detrás de mí.
Sé que pasa algo
porque ya no escucho música,
es un síntoma demasiado poderoso
como para no tomárselo en serio.
Hace ya unos cuantos días
que me he ido a alguna parte
y no tengo localizador,
y me siento vacío, amputado,
como un poema bajo la lluvia,
como todo lo que soy, pero pixelado.

Vivo a trompicones…
Tartamudeo la vida.

46
Despiste

Siempre corriste mucho más que yo.
Al final, llegó el día en que ya no te pude alcanzar
y te perdí para siempre.
Eras demasiado rápida y yo tan de mirar atrás,
tan atado a lo que ya no existía, tan ayer, tan nada.

47

Qué recuerdos

Me gustaba acariciar el lomo
de tus palabras,
sentir cómo la piel de tu voz
recorría mi cuerpo
y tiraba de mi vello hacia arriba.
Siempre fuiste una canción
a la que poder abrazar,
música llena de cosas tuyas.

48
No puedo asimilarlo

Se hace muy grande mi vida sin ella,
hay eco dentro de mí,
como si hubieran alejado mi corazón
de todas las paredes de mi cuerpo
y lo hubieran abandonado en un rincón
lleno de telarañas y silencio.
La soledad es un presentimiento
de fantasmas nuevos.
La noche es inevitable,
llega y duele igual que un quemazo
con aceite hirviendo.
La noche entra por debajo de la puerta,
es una alfombra de humo con forma de mujer,
se pone a mi lado en la cocina,
me acompaña al baño,
ve las noticias conmigo,

me hace el amor.
Por la mañana siempre tengo que tirar
la cena del plato que está frente al mío.

49
Aprovéchate pronto de mí

¿Y cuándo mueras…, qué?
Habrá sido todo como cuando
ves pasar un tren y se aleja
y sabes que nunca más lo volverás a ver,
porque además estás en un lugar
que ya no visitarás jamás,
un presente que tiene prisa
por esfumarse dentro de un túnel,
así que besa sobre los raíles del tiempo
a 200 kilómetros por hora
y desgasta tu piel bajo mis manos,
vamos, muévete haciendo eses
encima de mí
intentando esquivar
el último vagón de la vida,
que es el único que veremos desde lejos
cuando la muerte descarrile sobre nosotros.

50
Juntos, pero sí revueltos

Agárrame fuerte
para que pueda volar
lejos contigo.

51
Distancias largas

Próximo viaje:
a mí.
Pero estoy tan lejos,
y el silencio va tan despacio…

52
A pesar

A pesar de que la lluvia
se haya clavado en este poema de mierda,
que una tormenta grosera
me haya lamido con su lengua
recogiendo el polvo de mi cara,
a pesar de la enorme grieta en el cielo
por donde bajan en picado
cientos de cuervos que vienen a besarme,
a pesar de las serpientes
que se me enredan en mi voz,
del cansancio de mis párpados,
de mis ojos que se van deshaciendo
dentro de unas cuencas
que son nichos fríos y húmedos,
a pesar de que mis palabras tiritan,
de que el viento tiene un circuito cerrado

dentro de mi cuerpo,
a pesar de que duele no verte,
te imagino aquí, barriendo la tristeza,
poniéndome patas arriba,
a pesar de todo.

53
Me sincero

Quiero que sepas
que fue bonito
mientras duró,
y ahora más
que ha terminado.

54
Tengo miedo

Allí donde llegan los muertos cansados
el silencio es puntiagudo,
la niebla crece en el suelo
y rápida cubre la descripción del paisaje.
El dolor merodea por el lugar
y se le puede escuchar de vez en cuando
abrazado a cualquier crujir de grito.
Las voces se han caído a la hierba gris,
ahora son solo palabras dislocadas.
Es un bosque con los pelos de punta
donde el aire son flechas de hielo
y los árboles metálicos.
Es una noche en línea recta,
la oscuridad que desborda el cielo.
No hay amor en estos versos,
solamente miedo a terminar,

temor a morir para siempre
en un sitio donde no queremos vivir.

55
Eco

Al gritar
en lo alto
de la montaña
me di cuenta
del significado
del ECO.
Es el espejo
de mi voz.

56
Retención

Guardo desde hace tiempo
una lágrima envasada al vacío
igual que uno deja un trozo de sí mismo
en un banco de esperma.
Solo abrir en caso de incendio.
Puede contener trazos
de episodios amargos.
Guardo porque nunca se sabe,
porque puede ser necesaria
en alguna circunstancia
dentro de este mundo sin apenas vida.
Guardo por si me coge desprevenido
la tormenta del dolor
y el llanto no se haya descongelado todavía.
Hace años que mis mejillas
no se empapan de tristeza húmeda.

Cuando llegue el momento
de la explosión…
¿sabré llorar o tendrán que recordarme
qué es lo que tengo que hacer
para no quedar mal
delante de mí mismo?

57
Cortina de humo

«Palabras tapadera»,
seguramente
eso es la poesía,
la intuición
de que las palabras
que realmente importan
son las que no se ven,
las que están detrás de todo.

58
Hasta aquí hemos llegado

Entrabas
Y
Salías
De
Mi vida
Cuando
Querías
Hasta
Que
Un
Día
Cambié
De
Cerradura.

59
Antes de morir

Tras la bruma espesa de los años
se adivina borrosa
la permanencia en *stand-by*
de los andamios roídos y olvidados
de mi infancia
que sé que verán con nitidez
cuando la niebla se haya derrumbado
porque apenas ya estaré.

Será volver a ser niño
durante la víspera de la nada.

60
Tu canción favorita

Elige una canción
de todas las que te gusten.
Elige la que más te guste.
Zambúllete en ella.
Ya verás cómo se está bien
ahí dentro.
Estás seguro.
Nadie ni nada
te puede hacer daño.
Es tu mejor refugio.
Serás inmortal
durante el tiempo
que suene para ti.
Solamente para ti.

61
Mudo ante ti

Me pones nervioso,
cachondo,
tonto,
alegre,
del revés,
me pones de mil maneras,
y siempre he querido
escribirte un poema,
pero eres imposible,
no sé cómo hacerte
la zancadilla
para que te caigas
sobre el papel.
Eres la chica de las palabras
que no existen.

62
Descompresión

Tengo muchas ataduras,
lo sé,
pero también es verdad
que nunca se me dio
bien hacer nudos fuertes.

63
Off

Y de repente
nunca pasa nada.
Es como si alguien
hubiera pulsado
el botón de pausa
en la peli de mi vida.

64
Concierto

Digamos que se aproxima la tormenta dulce,
un pájaro invisible rugiendo por el cielo,
la vida temblando ante nuestros ojos
a modo de terremoto de cien Harleys Davidson,
digamos que un relámpago se ha clavado
en el centro del sonido y agrieta el suelo,
que llueven lágrimas de fuego en esta noche
que huele a hierro fundido y piel quemada,
digamos que el demonio planea sobre nosotros,
se posa en la cabeza de una canción,
se despoja del traje de malo y escucha,
solo escucha,
digamos que las guitarras ya están cargadas,
llegó el momento de dejarse secuestrar
por el sonido metálico que nos trae el viento.

65
Instantáneo

Fue verte
y mis palabras
ya no salieron
como debieran.
Fue verte
y me quedé
ojiabierto
y boquiplático.
Fue verte
y mis palabras
se tartamudearon
a otro lugar.
Fue verte
y ya no supe
qué besarte.

66
Regresión

Volver con los ojos cerrados,
desmadejar el presente.
Ahora que han pasado tantos años
empiezo a entender
el significado de «yo»,
por qué ahora soy fuego
habiendo sido ceniza pálida y húmeda,
por qué fui palabra desgastada
en un papel arrugado y herido,
volver a mí
para devolverme curado,
poder hacer la autopsia de mi infancia.

67
Asesino

Bromeabas con mis poemas,
decías que eran tan malos
que ibas a acabar con ellos
poco a poco, uno a uno,
sin que me fuera enterando
hasta que fue demasiado tarde
y comprobé que mi alma
estaba vacía y ya no había
palabras,
solo la silueta de tiza
de cada una de ellas.
Comprendí que sí,
que eras un ASESINO EN SERIO.

68
Tiempo

Que el tiempo se va
y no vuelve a casa,
como la voz,
como las palabras
que salen de la boca
y ya no regresan,
se desvanecen
y solo queda el recuerdo,
o sea,
como el tiempo.

69

Dame veneno

Dicen las malas lenguas
que besas de muerte,
por eso mismo
déjame morir en tus labios.

Índice